W0403946

Im Spätzleshimmel

Siegfried Ruoß

Im Spätzleshimmel

***

Ein illustriertes Kochbuch
über die schwäbische Nationalspeise

Mit Illustrationen von Mathias Hütter

Inhalt

Spätzle – die schwäbische Nationalspeise

Koi Mensch woiß, wo dia kloine
Gaumaschmoichler herkommat.
Ond warom hoißat dia kloina Doigbebbala Spätzle,
ond a bissle anderscht gmacht, Knöpfla?
Ond wer hot's erfonda?
A Chines, a Schwob oder gar a Italiener?

* * *

Um das zu erforschen, laden wir Sie ein,
den Spuren der geheimnisvollen Urnudel zu folgen.

Eine kleine Kulturgeschichte der Spätzle

Weizen und Dinkel
Ideale Getreide für die Spätzlesküche

Weizen

Von alters her gelten Spätzle als die Nationalspeise der Schwaben – eine Mehlspeise aus Mehl, Eiern, Wasser und Salz. In unzähligen Variationen aufgetischt, erfreut sie heute nicht nur des Schwaben Herz. Doch welches Mehl ist nun das richtige fürs Spätzlemachen? Die Erfahrung zeigt: Weizenmehl vom Typ 405, das heute in jedem Laden vorrätig ist, eignet sich hervorragend zur Spätzleherstellung. Die Bezeichnung 405 sagt nichts anderes aus, als wie viel unverbrennbare Mineralstoffe bei der Veraschung des Mehls zurückbleiben. Oder in Zahlen ausgedrückt: Beim Mehl Typ 405 bleiben bei der Veraschung von 100 g Mehl 0,405 g Asche zurück. Je mehr Kleie also beim Mahlgang entfernt wird, je ärmer ist das Mehl später an Mineralstoffen, dafür aber umso weißer.

Ich habe schon sämtliche Mehlsorten vom Typ 405 gekauft und für meine Spätzle ausprobiert und kann sagen, dass so gut wie kein Unterschied zwischen den einzelnen Mehlen festzustellen war. Natürlich hat jede schwäbische Hausfrau beim Spätzlekochen so ihre eigenen kleinen Geheimnisse. Denn auch aus Weizendunst, einer Mehlkörnung zwischen Grieß und herkömmlichem Mehl, lassen sich Spätzle zubereiten – dadurch bekommen sie eine sehr feste, kernige Konsistenz. Ich persönlich gebe dem normalen Mehl immer 25% Dunst bei, dann sind die Spätzle kernig, aber nicht zu fest.

Manche Hausfrauen oder Hausmänner ziehen es auch vor, dem Mehl einige Esslöffel Grieß beizumengen, um den Teig zu festigen und den Spätzle eine sattgelbe Farbe zu geben. Möchten

Sie gelbe Spätzle herstellen, haben aber zu wenige Eier zur Hand, geben Sie dem Teig einfach 2–4 Esslöffel Maismehl oder Grieß bei. Sie werden erstaunt sein, was für goldgelbe Spätzle Sie auf den Tisch bringen!

Dinkel

Wie anfangs bereits erwähnt, werden Spätzle heute überwiegend aus Weizenmehl hergestellt. Aber das war nicht immer so. Ursprünglich war der mit dem Weizen verwandte Dinkel das Getreide der Wahl für die regionale Küche, doch seit dem letzten Jahrhundert brachten neue, ertragreiche Weizensorten sowie die verstärkte Verwendung von Mineraldünger und chemischen Behandlungsmaßnahmen den Bauern derart hohe Weizenernten ein, dass dem Dinkel daneben schlicht die Luft wegblieb.

Er, ein schwäbischer Dickkopf seinesgleichen, verweigerte kurz und bündig die künstlichen Wachstumshilfen. Beschleunigt wurde sein Untergang noch durch den Einsatz von Mähdreschern bei der Getreideernte, die ihn nur mitsamt dem Spelz ernten konnten und somit einen zusätzlichen Verarbeitungsschritt, das Entspelzen, notwendig machten.

Die Getreidefrucht unserer Vorfahren verschwand in der Folge fast vollständig von der Bildfläche und wurde ein Fall für die Mottenkiste. Dabei war das *Schwabenkorn,* wie der Dinkel weitläufig im Volksmund genannt wird, Jahrhunderte lang die Hauptbrotfrucht der Kelten und Alemannen gewesen. Sein weiter Weg führte ihn von den Steppen Südwestasiens über den Kaukasus zum Schwarzen Meer, in den Balkan und endlich auch in unser Siedlungsgebiet nach Süddeutschland. Die größten archäologischen Funde stammen vom Federsee, aus Schussenried in Oberschwaben und 1968 vom Ulmer Umland.

Kleinere Anbaugebiete finden wir noch in Österreich, im Harz, in der Schweiz, im Elsass und in Italien. Mitte des 19. Jahrhunderts wurden in Württemberg noch über 200.000 ha Dinkel gegenüber 12.000 ha Weizen angebaut. 1970 waren es gerade noch 1.000 ha, der hauptsächlich in der Grünkerngewinnung Verwendung fand.

Im Sommer sind Dinkelfelder eine reine Augenweide. Braunrötlich wogt das goldglänzende Getreide im Wind und singt seine Jahrhunderte alte Melodie von der *Goldenen Ähre.*

Das Dinkelkorn wird im Spelz ausgesät. Dieser verleiht ihm eine gute Winterhärte und schützt das Getreide vor seinen natürlichen Feinden. So ist Dinkel äußerst robust und gedeiht auf fast allen Böden. Der Spelz umschließt das Korn fest wie eine Ritterrüstung, was ein Trennen von Spelz und Korn erschwert. Beim Entspelzen werden die Körner vielfach beschädigt und können deshalb nicht lange gelagert werden, da sie schnell verderben. Aus diesem Grund wird Dinkel hauptsächlich im Spelz gelagert und erst bei Bedarf von diesem getrennt. 100 kg Dinkel mit Spelz ergeben nach dem Gerben (Entspelzen) noch 70 kg Dinkel.

Die übergroßen, beschrifteten Zwillichsäcke, in denen man das Getreide aufbewahrte, und die wir von Flohmärkten her kennen, konnten nur deshalb von den Bauern auf dem Rücken getragen werden, weil sie ein niedrigeres Gewicht als der Weizen hatten. Um die kostbaren Getreidesäcke bei der Übergabe an den Sohn nicht jedes Mal neu beschriften zu müssen, bekam der Erstgeborene immer den Vornamen des Vaters.

Der Spelz, besser bekannt als *Spreuer,* eignete sich hervorragend als Schlafunterlage, besonders für Kinderbetten, und neuerdings auch als Kopfkissen. Gefragt war der Spreuer auch als Füllmaterial für Polstermöbel oder als Vieheinstreu und Viehfutter. Fuhr der Bauer auf den Markt, packte die Bäuerin die verkaufsfertigen Eier in Körbe und legte sie schichtweise auf Spreuer. Auch beim Hausbau war der Spreuer, vermischt mit Lehm, ein gefragtes Baumaterial.

Dem Dinkel wird nachgesagt, dass er vor Hexen schützt und Dinkelbrot eine besondere Kraft besitze. Nicht umsonst gab man früher kranken Ferkeln und Hunden gekochten Dinkel zum Fressen.

Jahrhunderte lang war auf der Schwäbischen Alb Dinkelmus, als *Schwarzer Brei* bekannt, das alltägliche Morgenessen. Das grobkörnige Musmehl, von der Magd oder der Bäuerin im Ofen angeröstet, wurde in der Muskachel gekocht und auf dem *Pfannenknecht,* einem eisernen Tischständer, zum gemeinsamen Verzehr auf den Tisch gestellt und mit zerlassener Butter oder Schmalz abgeschmelzt. Als erster durfte der Bauer oder der Großknecht eine Kuhle in das Mus drücken, um sich das meiste Fett zu sichern. So ging es in der Rangfolge entsprechend weiter. Bei Kleinbauern soll laut einer Überlieferung in schlechten Zeiten ein Saunabel überm Tisch gebaumelt haben, damit man sich wenigstens die Löffel einfetten konnte. So bekam auch hier jeder sein Fett ab.

Der bekannte Kräuterpfarrer Künzle (1857–1945), ein Wegbereiter der modernen Pflanzenheilkunde, wusste über den Dinkel nur Gutes zu berichten. So schrieb er: »An Habermus (nicht zu verwechseln mit Hafer, Haber bedeutet Lebensspender, eine Habergoiß war ein Lebensgeist) gewöhnte Leute sind gesund, humorvoll und können schlafen wie die Bären. Die Kinder sind rotwangig und schauen drein wie Gottes liebe Sonne im Heuat.«

Schon bei der heiligen Hildegard von Bingen (1098–1170) wird der Dinkel als Universalgetreide bezeichnet. Sie schrieb in ihrem Naturalienbuch: »Der Dinkel ist das beste Getreide. Es ist fettig, kraftvoll und feiner als alle anderen Kräuter. Es macht

den Esser ein rechtes Fleisch und bereitet ihm ein gutes Blut. Wenn einer krank ist, soll man ihm ganze Dinkelkörner in Wasser kochen und etwas Butterfett oder Eigelb beigeben. Es heilt den Kranken von innen heraus wie eine gute und heilsame Salbe.« Und das immerhin vor über 800 Jahren!

Das Dinkelmehl war Grundlage für Springerle, Waffeln, Gugelhupf, Hefekranz sowie für sämtliche Musarten, also für das heutige Müsli! Eine besondere Spezialität war im Mittelalter das Ulmer Zuckerbrot, eine Art Zwieback, das in Ulm heute noch gebacken wird. Spezielle Dinkelgebäcke, wie die Saulgauer Seelen, die Biberacher Knauzenwecken – in anderen Städten kennt man sie als Wasserwecken bzw. Kimicher –, genetztes Brot oder Scherrkuchen, sind heute wieder in aller Munde.

Da der Dinkel gegenüber anderen Getreidesorten einen höheren Anteil an Kleber besitzt, klebt das Mehl-Wasser-Gemisch besser zusammen, ist gut bindig und gibt unseren Spätzle und Knöpfla die richtige Konsistenz. Somit konnte im Winter, solange die Hühner keine Eier legten, auch ohne Eier des Schwaben Lieblingsspeise gekocht werden und die Mägen der schwer arbeitenden Bevölkerung füllen.

Vom alemannischen Dichter Johann Peter Hebel stammt folgender Vers:

Chömmet Chinder,
essat Habermuas,
wachsat ond gedeihet.

Reine Handarbeit
Die ersten Spätzle und Knöpfla

Die besten Küchengeräte, die unsere Altvorderen besaßen, waren ihre Hände. Zuerst kneteten sie den Teig damit, dann rollten sie lange Teigwürste aus und zupften mit ihren Fingern kurze Teigstücke ab, die sie ins kochende Wasser legten.

Die *Zupften Spätzle* waren geboren. Da sie immer noch zu dick waren, begannen findige Köchinnen, die Spätzle mit einem Messer abzutrennen.

Im Winter, wenn es an Eiern mangelte, wurde das Mehl mit kochendem Wasser übergossen und mit einem Kochlöffel vermengt. Danach stach man den Teig mit einem Esslöffel aus und legte ihn ins Kochwasser. Saure Bohnen oder Sauerkraut mit Wasserspatzen waren typische Winteressen.

»Buaba, dent au Schpätzle essa,
Schpätzle machat dick ond rond,
Schpätzle derf mr nia vergessa,
Schpätzlesesser bleibat länger gsond.
Schpätzle en dr Morgasupp,
machat glei an guata Dag.
dass mr schaffa ka ond kruppa.
Schpätzle dann mit Sauerkraut
auf da Mittag des schmeckt guat.
Morgends, mittags, obens Schpätzle,
Schpätzle au no en dr Nacht.
Überall an älle Plätzla,
sell isch was mi zfrieda macht.«

Spätzle vom Brett

Die Schwaben waren schon immer als Tüftler bekannt. Findige Köpfe kamen einst auf die Idee, den Spätzlesteig vom Brett in das kochende Wasser zu schaben.

Vorbild waren die Großmütter, die schon lange Zeit davor den Teig vom Suppenteller oder gar von der schräg gehaltenen Schüssel ins Kochwasser befördert hatten.

Aber erst mit dem Brett, das vorne schräg zugeschnitten ist, bekamen die Spätzle ihre heute noch gültige Form. Der Spätzlesteig muss dabei auf das zuerst ins Kochwasser getauchte Brett gelegt werden. Er liegt dabei unterhalb des Holzgriffes und wird nun mit dem Spätzlesschaber nach unten dünn verteilt. Anschließend beginnt die erfahrene Köchin mit dem Schaber – Sie können dafür auch ein größeres Messer oder eine Palette nehmen – den Teig so dünn wie möglich ins Wasser zu schaben.

»Ond schaba dem mr nach am alta Rhythmus von dr Oma: ›Enta, Schpatza, Schnocka, Gees ...‹«

Schwäbische Tüftelei

Der Spätzler und seine Nachfolger

Ende des 19. Jahrhunderts tauchten die ersten aus Metall gefertigten Spätzlesgerätschaften auf. Für Furore sorgte Anfang des 20. Jahrhunderts der *Spätzler*. Es war ein massiges Gerät, das mit seinen drei Beinen, auf denen der Kolben hing, wie eine Riesenspinne aussah. An der Seite war eine Kurbel angebracht, mit der der Teig aus dem Kolben gedrückt wurde. Spätzler gab es in verschiedenen Ausführungen und Größen. Die Nachfolger waren die Spätzlesdrücker, bekannt als Spätzleschwob, die bald in jeder

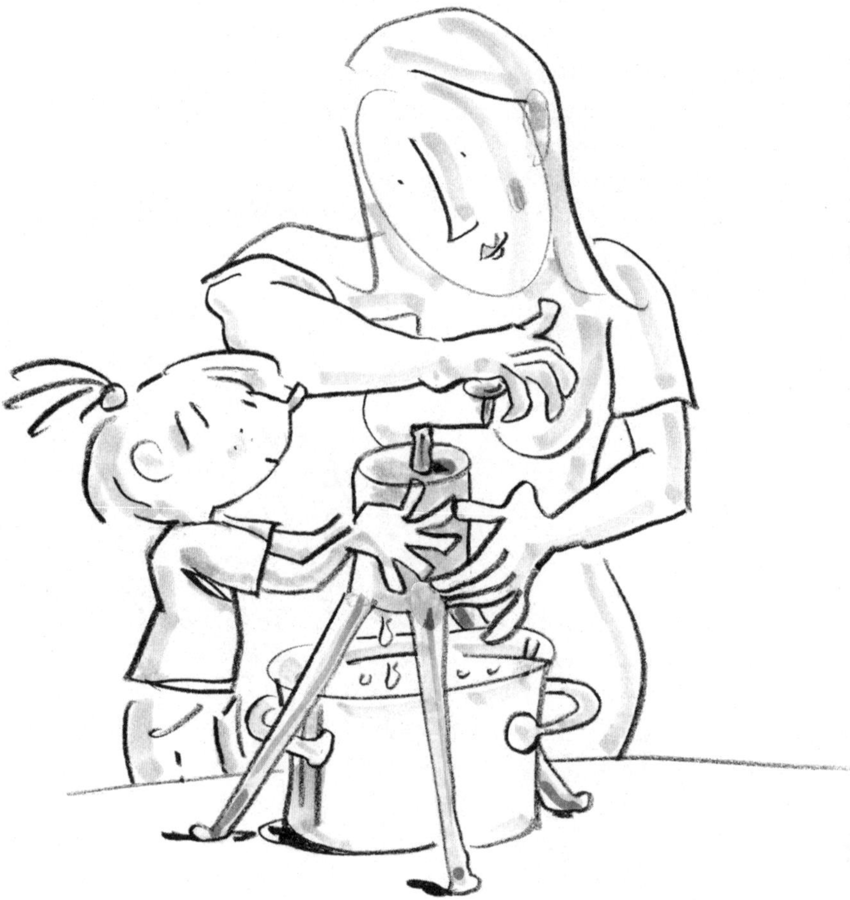

Küche anzutreffen waren. Dabei wurde der Teig mit viel Muskelkraft ins Wasser gepresst. Auch heute noch gibt es Spätzlesdrücker, mit großer und kleiner Lochung.

Im Allgäu setzte sich der Knöpfleshobel durch, ein dem Rettichhobel ähnliches Blech mit grober Lochung, von wo aus die Knöpfla, auch als *Bollaspätzle* bekannt, ins kochende Wasser geschabt werden. Das leicht zu bedienende Gerät hat sich auch südlich der Donau durchgesetzt, da durch eine spezielle Lochung auch Spätzle hergestellt werden können. Auch hier gilt – Probieren geht über Studieren.

In Mehrstetten erzählte mir eine alte Bäuerin: Bevor die Alb ans allgemeine Wassernetz angeschlossen wurde, hatte jeder Hof seine eigene Zisterne. Im Sommer, wenn dieselben ausgetrocknet waren oder in der Hitze das Wasser ungenießbar war, musste der Bauer mit seinen Pferden oder Ochsen ins Tal hinunter fahren, um Frischwasser zu besorgen – eine elende Schinderei für Mensch und Tier. Wasser wurde zum kostbaren Gut. Mütter badeten deshalb den Nachwuchs in der Spätzlesbrüh, die anschließend im Schweineeimer landete. »Schätzle, Spätzle, Hosamätzle« neckten die Mütter danach ihre Spätzlesnixen.

Auszug aus einem Brief:

»Vergebens habe ich die Salatspatzen in Ihrem Buch *Schwäbische Spätzlesküche* gesucht. Es gibt nichts Besseres, als im heißen Hochsommer diese erfrischende Speise zu servieren. Dazu gehört natürlich frischer sonnenwarmer Kopfsalat, der ›gut kopfat‹ sein muss.

Am besten schmecken die Spätzle aus Dinkelmehl, verfeinert mit 3–4 EL Sahne. Dazu lässt man eine gute Handvoll geräuchten Bauchspeck in der Pfanne knusprig anbräunen. Speck- und Zwiebelwürfel geben Sie mit fein geschnittenem Schnittlauch in die Salatsoße und vermischen die heißen Spätzle mit dem Kopfsalat.« (Zuschrift eines begeisterten Spätzleskochs)

Doch nicht nur die Herren Tüftler sind aktiv, auch ihre schwäbischen Partnerinnen bringen stetig neue Kreationen auf den Tisch: Brennnesselspätzle, Sesam-, Basilikum- und Bärlauchspätzle; aus der alternativen Kochecke kommen Buttermilch-Roggenspätzle; saure Spätzle, mit frischen Gurkenrädle verfeinert, waren in früheren Zeiten als Voressen bekannt, als es Spätzle oder Knöpfla fast jeden Tag gab.

Des Schwaben Leibspeise

Schwaben sind bekennende Nassesser, und deshalb gehören im Schwabenland zu den Spätzle viel Soße oder Saure Linsen mit Saitenwürstle. Die kleinen Hülsenfrüchte schwimmen dabei in einer sauren Brennsoße.

Wenn er dann noch am Sonntag einen Braten mit Spätzle und Kartoffelsalat serviert bekommt, ist das Glück des Schwaben perfekt. Hier ist alles vereint – der Braten, der die unverzichtbare

Soße liefert – und die ist mindestens so wichtig wie das Fleisch –, die Spätzle, die ausgiebig in der Soße ihr sonntägliches Bad nehmen können, und der Kartoffelsalat, der mit einem kräftigen Schöpfer voll Spätzlesbrühe den letzten Schliff bekommt. Denn je schneller die Speisen im Gaumen verschwinden, desto schneller kann man wieder Schaffa, schaffa, Häusle baua …

Linsen

Von allen pflanzlichen Lebensmitteln haben Hülsenfrüchte den höchsten Eiweißgehalt. Dafür ist ihr Fettgehalt relativ gering, und es empfiehlt sich also, bei Linsen stets ein Stück geräuchten Schweinebauchs oder eine Rauchfleischschwarte mitzukochen. Ernährungsphysiologisch bedeutsam ist der hohe Ballaststoffgehalt, der besonders für unsere Darmtätigkeit sehr wichtig ist. Durch ihre harte Schale besitzen Linsen jedoch auch hohe unverdauliche bzw. unerschließbare Anteile, die im Dickdarm vermehrt Gasentwicklung erzeugen und dadurch Blähungen auslösen können. Nun wissen wir also, woher der Wind weht.

Steinzeitliche Funde von wild wachsenden Linsen aus dem Peloponnes (20.000–7.000 v. Chr.) belegen, dass schon in der Eiszeit Menschen die wild wachsenden Linsen sammelten. Ihr Beliebtheitsgrad ist bis heute ungebrochen.

Linsen gelten als typische Berglandpflanzen. Sie gediehen früher besonders gut auf der Schwäbischen Alb und im Schwarzwald, wo sie teilweise zusammen mit Gerste gemischt ausgesät, gedroschen und gemahlen wurden. Man sprach vom *Linsengerst.*

Der Linsenanbau war in Deutschland zwischenzeitlich nahezu zum Erliegen gekommen, und die heute angebotene Ware wird meist aus dem Ausland importiert. Doch hat sich bei uns auch hier in den letzten Jahren eine neue Fangemeinde für Linsen gebildet und die wohltuende Ausnahme findet sich mit den *Alb-Leisa* heute auf der Schwäbischen Alb. 2001 hatte der Biolandwirt Waldemar Mammelaus aus Lauterach die geniale Idee, auf seinen Feldern Linsen anzubauen und die Hülsenfrucht dadurch wieder auf der Alb heimisch zu machen. Über vierzig weitere Biobetriebe bauen die *Alb-Leisa* zwischenzeitlich an.

Die importierten Linsen sind in den unterschiedlichsten Varianten zu kaufen, von braun oder grün bis zu schwarz und rot – die bisher größte Auswahl fand ich in einem indischen Tante-Emma-Laden in Ulm. Insgesamt gibt es vier Größensortierungen: Riesen-, Teller-, Mittel- und Zuckerlinsen (kleine Sorte). Gelbe Linsen sind geschält, kochen breiig und erzeugen wegen der fehlenden Samenschale weniger Blähungen. Rote Linsen kommen bevorzugt aus Indien und der Türkei, sind ebenfalls geschält und eignen sich gut für Pürees und cremige Suppen. Und gesund sind sie auch, die *Magenschmeichler* der Schwaben.

Die Franzosen nennen die Hülsenfrüchte humorvoll »le piano du pauvre« (das Klavier der Armen). Denn, wie heißt es so schön: »Jedes Böhnchen gibt ein Tönchen«, oder wie die Schwaben sagen, »leis eine, laut ause«. (Die Schwaben nennen die Linsen im Dialekt *Leisa.)*

Linsen mit Spätzle

* * *

250 g Linsen, 1 l Wasser bzw. Brühe, eine mit Lorbeerblättern und Nelken gespickte Zwiebel, Salz, Pfeffer, Essig, 1 EL Tomatenmark, ein Schuss Rotwein, Butterfett, Speck- und Zwiebelwürfel, Mehl

Heute:
Linsen
Spätzle
Saiten

Die Linsen mit der angegebenen Flüssigkeit ansetzen. Würzen und mit dem Tomatenmark verrühren. Langsam köcheln lassen. Das Butterfett in einer Pfanne auslassen, ca. 1 EL Mehl zugeben und hellbraun anschwitzen. Die Speck- und Zwiebelwürfel in der Brenne kurz mit anbraten.

Garzeit der Linsen ca. 30–50 Minuten. Kurz vor der Fertigstellung den Essig und Rotwein zugeben. Vor dem Servieren mit der Brenne abbinden. Zur Geschmacksverbesserung kann man noch ein Stück gerauchten Schweinebauch mitkochen.

Linsen mit Spätzle und Soida, *also Saitenwürstchen, auch als* Wienerle *bekannt, ist eines der beliebtesten schwäbischen Gerichte. Wenn ein Schwabe sagt, »do kennte grad drzua neischtracka«, waren sie besonders gut.*

Kartoffeln

Von den Inka in die schwäbische Küche

Die Kartoffel, im Schwäbischen auch als *Aibira, Aidäpfel* oder *Grombira* bekannt, hatte bereits einen langen Marsch hinter sich, bis sie sich auf dem schwäbischen Speiseplan zu den Top Ten hocharbeiten konnte.

Anno 1516 wurde sie erstmals bei uns erwähnt in einem Bericht über die Entdeckung Amerikas durch die Spanier, verfasst von Petrus Martyr von Anghiera (1457–1526). Darin beschreibt er den Brauch der Inka, Wurzeln zu essen, die sie Batates nennen.

Um 1596 wurde die Kartoffelstaude im Schlossgarten des Grafen von Helfenstein in Wiesensteig erstmals angepflanzt. Aber nicht etwa, um seinen Speisezettel zu ergänzen. Vielmehr hatte es ihm die Kartoffelblume so sehr angetan, dass er sie stolz im Knopfloch präsentierte.

1616 wird die Kartoffel als besondere Delikatesse aus Amerika am Hof des französischen Königs Ludwig XIV. aufgetischt. In Italien verschaffte der Kartoffel ihre Ähnlichkeit mit dem Trüffel den Namen *Tartufoli,* später dann bekannt als Dortuffel oder Dortoffel. Und als Kartoffel trat sie schließlich ihren Siegeszug in unseren Küchen an.

Die Schwaben, Jahrhunderte lang an Mehlspeisen gewöhnt, standen dem neumodischen Gewächs lange Zeit misstrauisch gegenüber – der Spruch »Was der Bauer net kennt, des frisst 'r net« kommt ja schließlich nicht von ungefähr.

Obwohl Friedrich der Große sich in Preußen vehement für den Anbau der Kartoffel einsetzte, stieß sie bei den dortigen Bauern ebenfalls auf Ablehnung, denn ihr Misstrauen den Hochwohlgeborenen gegenüber war nicht unbegründet. So blieb die Kartoffel hierzulande vorerst eine seltene Feldfrucht, die hauptsächlich von Arbeitern und Kleinbauern angebaut wurde – nicht umsonst wurde sie als Arme-Leute-Essen angesehen und regional gerade noch als Schweinefutter akzeptiert. Wie hieß es doch: »A Kartoffel isch erscht guat, wenn se dr Sau durch da Maga gloffa isch.«

Erst in den Hungerjahren 1771/72 entdeckten die Bauern auch bei uns die Vorteile der Erdknolle, denn sie verfaulte nicht auf den nassen Feldern wie z. B. Weizen, Gerste oder Hafer. Bald verdrängte sie somit die bisherigen Nutzpflanzen, Rüben, Hirse, Buchweizen und eben Hafer.

Schnell erkannte man die vielfältigen Nutzungsmöglichkeiten der Kartoffel als Nahrungsmittel, und so entstand im Schwabenland der Kartoffelsalat mit Essig und Öl, der gepaart mit Spätzle heute auf keiner Festtafel fehlen darf. So haben sie sich also doch noch versöhnt, die Knollen aus dem Norden mit den Spätzle aus dem Süden. Bis heute bilden sie zwei Säulen der schwäbischen Küche.

Schwäbischer Kartoffelsalat

* * *

1 kg Salatkartoffeln, 1–2 gewürfelte Zwiebeln (dekorativ sehen dabei die rötlichen Zwiebeln aus), Salz, Pfeffer, Essig, Öl, ca. 1/8 l Brühe

* * *

Die Kartoffeln mit Wasser aufsetzen und gar kochen. Abgießen und mit kaltem Wasser abkühlen. So lassen sich die Kartoffeln leichter schälen und anschließend in Scheiben teilen. Dafür gibt es spezielle Kartoffelharfen, bei denen der Anfänger die Knollen bequem durchdrücken kann. Die Profis schneiden ihre Kartoffel natürlich mit der Hand in Scheiben. Die gerädelten Scheiben, die noch warm sein sollten, würzen und mit Öl nicht sparen. Es gibt dem Salat später einen schönen Glanz und macht den Salat geschmeidig.

Zum Schluss mit heißer Brühe übergießen, auch das Spätzleswasser eignet sich dafür hervorragend. Nun alles zusammen vermengen und 10 Minuten durchziehen lassen. Eventuell nachwürzen. Der schwäbische Kartoffelsalat wird nach alter Väter Sitte lauwarm serviert und sollte schön feucht, auf schwäbisch schlonzig, *sein.*

Ganz nach Gusto kann man dem Salat fein geschnittenen Endivie oder Gurkenrädle untermengen. Appetitlich sieht es aus, wenn Sie den Salat am Rand mit Ackersalat dekorieren.

Dann steht der Vermählung mit den Spätzle nichts mehr im Wege. Die obligatorische Soße darf nicht fehlen – sie gibt dem ungleichen Paar erst den letzten Pfiff.

Spätzle und Knöpfla im Volksmund

Der Teig für Spätzle und Knöpfla ist ein und derselbe, das Endprodukt unterscheidet sich nur in seiner Form. Knöpfla, die ursprünglich aus dem Allgäu stammen, werden dort heute mit dem Knöpfleshobel hergestellt. Sein Vorgänger, der Spatzenmodel oder das Knöpflessieb, war ein rundes Blechgefäß mit erbsengroßen Löchern am Boden, das auf drei Beinen stand.

Der Name der Knöpfla wird auf das altdeutsche Wort *chnodo* oder *knoto* zurückgeführt. Dessen Ursprünge wiederum liegen im Lateinischen *(nodus,* der Knoten, und *nodulus,* das Knötchen) – wir kommen später wieder darauf zurück. Im Laufe der Zeit entstand aus dem Knötlein das Knöpfla. Als Vorläufer der Spätzle hat es auch im Volksmund Spuren hinterlassen:

Die Ulmer heißen auch *Ulmer Spatza* – wir kommen später nochmals darauf zurück –, die Heidenheimer werden als *Knöpfleswäscher* bezeichnet. Dort soll einst eine Frau, die ihrem Göttergatten frische Knöpfla zur Arbeitsstelle bringen wollte, unterwegs gestolpert sein, worauf die Knöpfla in den Straßenstaub kullerten. Die eingesammelten Knöpfla wusch die findige Köchin in der nahe gelegenen Brenz. Aber sie wurde beobachtet und die Klatschtanten sorgten für die Verbreitung des Vorfalls.

Die Bärenthaler im Kreis Tuttlingen haben sich den Spitznamen *Knöpflesschender* erworben, weil sie entweder aus Not (oder aus Sparsamkeit) die Knöpfla mit zu wenig Fett anbrieten.

Lange Zeit waren die beiden Artverwandten Spätzle und Knöpfla auch unter der Bezeichnung *Bettelleit's Nudle* bekannt, denn lange Zeit suchten die Gäste der württembergischen Regierung vergebens nach der geschätzten Beilage. Spätzle galten noch lange als Armeleuteessen, auch weil die Bürgerschicht bereits auf Nudelgerichte umgestiegen war. Im Volksmund waren die Nudeln spöttisch als *Faule-Weiber-Spätzle* im Umlauf.

Spätzle international – die große Verwandtschaft der Spätzle

Noch immer stochern wir im Nebel des weltweiten Spätzleshimmel auf der Suche nach der Herkunft dieses schwäbischen Nationalgerichtes. Doch lohnt es sich, hier auch einmal ungewohnte Wege zu gehen. Ein altes asiatisches Sprichwort sagt: Nur wer gegen den Strom schwimmt, kommt zu den Quellen. Und so beginnen wir unsere Entdeckungsreise genau dort, nämlich in China, dem Land mit der ältesten Kultur der Welt.

China
Fliegende Fische, Stocherspitzen und Katzenohren

Dass China nicht nur der wichtigste Reis-, sondern auch der größte Weizenproduzent der Erde ist, dürfte den Wenigsten bekannt sein. Und wo es Weizen gibt, finden wir auch Nudeln auf dem Teller – Sie werden es kaum glauben, auch Spätzle und Knöpfla.

Die Nudelmetropole des Reiches der Mitte ist die Region Shanxi im Norden Chinas. Hier gehören zu jeder Mahlzeit Nudeln. Ja, schon zum Frühstück gibt es, wie bei uns das Brot, Nudeln zu essen, und jede Chinesin kennt unglaublich viele verschiedene Nudelsorten.

In den Kaufhäusern von Taiyuan gibt es Teighandpressen zu kaufen, die eine große Ähnlichkeit mit unseren Spätzlespressen haben. An einem Imbiss-Stand, wie sie in China zu Hunderten die Straßen säumen, wurden wir Zeuge, wie eine Marktfrau von einem schräg gehaltenen Suppenteller mit einem Essstäbchen Nudelstreifen ins Wasser beförderte. Die Nudeln hießen Tijian, also *Stocherspitzen.* Eine andere Frau schabte von einem Brett ebenfalls mit einem Essstäbchen Teigfetzen ins kochende Wasser. Da die Teigstücke wie kleine Fische in dem Topf zappelten, heißt diese Variante *Fliegende Fische.* Zum Glück nannten die Chinesen ihre Nudeln nicht Spätzle, sonst wäre meine ganze Spätzlesphilosophie zusammengebrochen!

Knöpfla werden in China *Helou* genannt und durch eine groblöchrige Reibe geschabt. Der Teig ist wie bei uns etwas flüssiger als Spätzlesteig. Nicht zu vergessen auch die Durchtropfnudeln, die, ähnlich wie bei uns, durch ein löchriges Sieb ins Wasser gelangen.

Einmal bestellten wir *Katzenohren* – Nudeln, die mit einer Reibe ins Wasser gerieben werden. Zu den fingerlangen Teigstreifen gab es fein geschnittene Gurke an Erdnussbutter.

Fast jede größere Stadt in China ist berühmt für ein spezielles, regionales Nudelgericht. Wir entdeckten auch Nudeln, die wie unsere Schupfnudeln mit der Handfläche zu kurzen Spindeln gerollt wurden. Als Nudelmehl verwenden die chinesischen Köche neben Weizen auch Hirse, Gerste, Roggen, Buchweizen, Kartoffelmehl, Mais, Sojabohnen, rote und weiße Bohnen sowie Erbsen, ja sogar Reismehl wird untergemengt. Im Notfall schreckt man auch nicht davor zurück, Sägemehl aus Ulmenholz beizugeben.

Selten haben wir in der Küche eine solche Kreativität erlebt wie in China. Vom Land der Mitte aus haben die Nudeln einst ihren Siegeszug nach Korea, Burma, Thailand, Vietnam und Indonesien angetreten. Über die Seidenstraße erreichten die Nudeln auch Russland und viele Jahrhunderte später unsere mitteleuropäischen Kochtöpfe. Spätzle breiteten sich schließlich über ganz Süddeutschland aus und machten auch an den Landesgrenzen von Bayern, dem Elsass, wo die Spätzle *Strieble* genannt werden, Österreichs und Italiens nicht Halt.

Schweiz
Pizokel, Spätzli und Knöpfli

Wer in der Schweiz einmal die Gelegenheit hatte, ein Sahnegeschnetzeltes zu verzehren, war sicher hoch erfreut, dazu Spätzli oder Knöpfli serviert zu bekommen. Auch in der Schweizer Küche sind diese beiden offenbar sehr beliebt. Daneben gibt es hier noch Pizokel zu nennen. Spinat-Pizokel, bei uns als grüne Knöpfla bzw. Spätzle bekannt, werden in der Schweiz vor dem Servieren noch mit geriebenem Kräuterkäs bestreut. Wer's besonders deftig liebt, kann ihn auch untermengen.

Bündner Pizokel sind eine besondere Spezies von Spätzli, denn hier werden dem Teig geriebene Zwiebeln und Kartoffeln beigemengt. Nachdem die Spätzli vom Kochwasser abgeschöpft sind, wird noch lagenweise Käse eingestreut. Vor dem Servieren mit Zwiebelstückchen garnieren – andere Länder, andere Sitten.

In der Spätzlesküche sind auch hier kreative Köche immer herzlich willkommen. Bei den Knöpfli Glarner Art werden dem Teig Rahmspinat (Tiefkühlware) und die gleiche Menge Schabziger (Kräuterkäs) beigemischt.

Pizokel

* * *

200 g Mehl, 2 Eier, 1/8 l Milch, Salz und Muskat

* * *

zu einem Teig vermengen. Das Weiße vom Lauch, Räucherwurst und Bündnerfleisch feinschneiden, anbraten und unter den Teig geben. Einen Wirsingkopf entblättern, kurz blanchieren, in Vierecke schneiden und den Teig darauf verteilen. Mit dem Wirsing einwickeln, in der Pfanne anbraten, einen Schuss Brühe zugeben, eine Speckseite darauf legen und im Ofen schmoren lassen.

Tschechien
Haluzka mit Sauerkraut

Bei einer kleinen Rundreise durch das frühere Böhmen und Mähren mit seinen vorbildlich restaurierten Städten fühlt man sich ins Reich der Habsburger zurückversetzt – und man kann auch die eine oder andere kulinarische Entdeckung zum Thema Spätzle machen.

Gestärkt durch eine Portion Palatschinken und eine Tasse Kaffee schlenderten wir durch die alten Gassen und Plätze, die uns so viel zu erzählen hatten. In einem kleinen Haushaltswarengeschäft in Cesky Krumlov entdeckten wir zu unserer Überraschung einen *Knöpflesteller.* Im Gespräch mit der Eigentümerin stellte sich heraus, dass Knöpfla eine uralte Zubereitungsart von *Haluzka* waren, wie sie hier genannt werden. Freundlicherweise gab sie uns auch noch ein Rezept mit auf den Weg:

Haluzka mit Sauerkraut

* * *

180–200 g Mehl, 1–2 Kartoffeln,
1 Ei, 1/8 l Wasser, Salz

* * *

Die geschälten rohen Kartoffeln reiben und mit Mehl und den anderen Zutaten vermengen. Den nicht zu festen Teig durch das großlöchrige Sieb ins kochende Wasser drücken.

Die abgebrausten Haluzka in Butter anbraten. Speckwürfel in Öl anbraten, rohes Sauerkraut dazu geben und zusammen anschwitzen. Danach mit den Halusky vermischen.

Südtirol/Italien

Topfenspatzen, Speckspatzeln und Co.

Auch in den Alpen Südtirols sind Spätzle geschätzt. Das Gericht Schnalser Topfenspatzen, auch als Topfennudeln bekannt, ist ein Überbleibsel aus uralten Zeiten. Da es in den Südtiroler Bergtälern stets an Mehl mangelte, wurde der Teig mit Quark gestreckt, ja, oft konnte dem Quarkteig nur etwas Roggenmehl zur Bindung beigemengt werden oder die Bergbauern streckten den Teig mit gepressten Kartoffeln. Aber nicht zuviel, sonst brachen die Nudeln ab und wurden zu kurz.

Der Nudeldruck (die verwendete Presse) bestand außer der runden und gelochten Eisenplatte nur aus Holz und wurde vom örtlichen Wagner angefertigt. Damit das Durchdrücken richtig funktioniert, darf der Teig weder zu hart noch zu weich sein (s. o.).

Das klobige Küchengerät musste von zwei Frauen bedient werden. Die Quarknudeln bzw. Spatzen fielen dabei auf ein großes Holztablett auf dem Boden. Währenddessen stellte die Bäuerin eine große Pfanne aufs Feuer und erhitzte reichlich Butter darin, worin die Nudeln gebraten wurden. Als Zugabe gab's flüssige Butter darüber.

Speckspatzeln

* * *

Spätzle zubereiten, siehe Grundrezept auf S. 48.

* * *

100 g gewürfelten Südtiroler Schinkenspeck in der Pfanne kurz anrösten, mit einer Prise Mehl bestäuben, 1 Becher Sahne zugeben, kurz aufkochen, salzen und pfeffern, über die heißen Spätzle geben und vermengen. Kenner der Materie geben noch etwas geriebenen Parmesan darüber.

Aus dem Aosta-Tal ist mir folgendes Rezept ins Haus geflattert: 300 g frische Pilze (wer es sich leisten kann, nimmt Steinpilze), 300 g feste Tomaten, 1 kleine Zwiebel, 1 EL fein gehackte Petersilie, Salz, Pfeffer, Öl

* * *

Die Zwiebelscheiben kurz anbraten, die geschnittenen Pilze beigeben und zusammen etwas anschwitzen. Nun die geschälten und gewürfelten Tomaten sowie die Petersilie zugeben und alles würzen. Bei geringer Hitze ca. 20 Minuten köcheln lassen und über die heißen Spätzle geben.

Österreich

Nockerln, Nocken, Spatzlraffel

Hier gibt es eine verwirrende Anzahl von Bezeichnungen für das, was mit Spätzle oder Knöpfla zu tun hat. So heißen Knöpfla im Osten Österreichs *Nockerln* – Nocken sind dagegen Klößchen.

In Kärnten und Tirol nennt man Kässpätzle bzw. Knöpfla *Kasnocken,* wohingegen sie in Tirol zu Spatzen mutieren – im Volksmund kurz *Spatzeln* genannt. Ebenfalls in Tirol trifft man auch auf die *Topfenspatzeln.* Sie bestehen aus einem Teig halb Mehl, halb Quark, Eiern nach Bedarf, Salz und geriebenem Parmesan. Der fertige Teig wird durch die *Spatzlraffel* ins köchelnde Wasser gedrückt, dann wartet man, bis die Spatzeln an die Oberfläche kommen. Vor dem Servieren mit brauner Butter und Parmesan bestreuen.

In Vorarlberg, wahrscheinlich bedingt durch die geographische Nähe zu Deutschland und der Schweiz, heißen die durchs Sieb gedrückten Teigwaren schlicht und einfach Knöpfla.

Eines haben sie alle gemeinsam – der Teig wird durch das Nockerlsieb ins Wasser gedrückt!

Grüne Kasspatzel

* * *

400 g Mehl, 4 Eier, 1–2 TL Salz, ca. 1/4 l Wasser, geriebener Emmentaler, Bergkäs, Spinat

* * *

Aus den Zutaten einen Spätzlesteig zubereiten. Statt klein geschnittenem frischen Spinat können Sie aufgetauten Cremespinat zugeben. Geht schneller und schmeckt echt gut.

Den Teig in leicht köchelndes Salzwasser drücken oder schaben. Wenn die Spatzeln *und* Knöpfla *oben schwimmen, mit einer Schaumkelle herausnehmen und lauwarm abspülen.*

In einer Pfanne mit Butter anschwitzen und auf einer Platte anrichten. Dabei abwechselnd eine Schicht Spätzle, eine Schicht Käse verteilen. Damit die Kasspatzeln schön würzig schmecken, können Sie noch etwas Romadur oder Kräuterkas dazwischen legen. Vor dem Servieren mit hellbraun angeschwitzter Zwiebel abschmelzen.

Frische Kas-nocken!!

Ungarn
Gulasch und Torhenyas als Nationalgericht

Als die Magyaren aus dem Kama-Gebiet, das zwischen dem Ural und der Wolga liegt, aufbrachen, um in die Ebenen Ungarns vorzustoßen, brachten sie auch einen scharf gewürzten Fleischeintopf, das Gulyás, mit ins neue Siedlungsgebiet. Von der einheimischen Bevölkerung lernten sie die Herstellung der *Torhenyas* – eine Teigware, die sich vorzüglich mit dem Gulyás, dem heute weltbekannten Gulasch, ergänzte.

Der Teig, hergestellt aus Mehl, Wasser und Eiern, wurde direkt von der Schüssel mit einem Löffel in das Gulasch gegeben. Ursprünglich formte man einfach Teigfetzen mit der Hand.

Eine Ungarin erinnerte sich noch gut an ihre Großmutter, die vom Spatzenbrett den Teig mit einer Gabel in das Gulasch schubste. Dabei legte sie eine Portion Teig oben auf das Brettchen und strich einen dicken Streifen davon an die Spitze. Dann streifte sie schräg von der Seite die Teigfetzen mit einer Gabel in das Gulasch.

Der Teig wurde bzw. wird erst kurz vor der Fertigstellung in die braune, ungebundene Brühe gegeben. Diese mit dem Brett, dem Löffel oder später mit dem Knöpflesteller hergestellte Teigware nennt man in Ungarn *Galuska* – eine überaus praktische, Zeit sparende Methode, um das Gulasch zu strecken, abzubinden und die hungrigen Bäuche zu füllen.

Das Pendant zu *Galuska* sind Nockedly, die auf die Zeit der Habsburger hinweisen und als Beilage zu Fleischgerichten gereicht werden.

Die Donauschwaben brachten nach ihrer Vertreibung 1944–1945 weitere neue Ideen in die schwäbische Küche mit. Da gab es Nockerln mit Bohnenbrei oder gezupfte Nockerln, im Dialekt kurz *Zoppnockeln* genannt.

Rezepte aus dem Spätzleshimmel

Schauen wir einmal über unseren eigenen Tellerrand hinweg, stellen wir erstaunt fest, dass Spätzle heute in einer unglaublichen Vielfalt angeboten werden. Besonders die neue, zukunftsorientierte Küche überschlägt sich förmlich mit frischen,variantenreichen Kreationen: Da lesen wir von Limetten-Rahmknöpfla an Zucchinistroh mit Zanderperlen oder Gehobelten Zeltesspätzle an Wildschweinlendchen in Holunderrahm – Zeltes ist übrigens ein Lebkuchengewürz. Spätzle, vor dreißig Jahren in der gehobenen Küche noch ein Aschenputteldasein führend, sind heute also gern gesehene Gäste auf den Tellern der Feinschmecker. Doch zurück ins Spätzlesparadies der Schwaben, wo die regionalen Spezialitäten den Ton angeben.

Spätzle
Der Teig und seine Geheimnisse

Spätzle

Grundrezept für vier Personen

* * *

400 g Mehl, 4 Eier (rechnen Sie pro Person 1 Ei), etwas Salz, ca. 1/4 l Wasser

* * *

Die Zutaten mit der Hand oder einem Kochlöffel gut vermengen und je nach Größe der Eier eventuell noch etwas Wasser dazu geben. Den Teig schlagen, bis er sich von der Schüssel löst und Blasen wirft. Danach alles ein paar Minuten ruhen lassen.

Nun den Teig mit dem Brett oder Presse bzw. Hobel in das kochende Wasser geben. Sobald die Spätzle an die Oberfläche kommen, diese mit dem Schaumlöffel herausnehmen und ins kalte Wasser legen. Nach Abschluss der Prozedur die Spätzle in einem Sieb gut abtropfen lassen.

* * *

Möchten Sie den Teig mit dem Brett ins Wasser schaben oder lieber mit dem Spätzleshobel arbeiten, halten Sie den Teig etwas flüssiger. Beim Spätzlesschwob, also der Presse, darf er hingegen ruhig etwas fester sein. Statt Wasser in den Teig zu geben, können Sie ihn auch nur mit Eiern zubereiten. Die reinen *Eierspätzle* sind nicht ganz so fest, aber natürlich schön gelb. Früher wäre so etwas allerdings undenkbar gewesen und die Hausfrau musste sich bei diesem hohen Eierverbrauch auch schon einmal als *aushausigs Weib* kritisieren lassen.

Als ein Bauer aus Mehrstetten einmal seine Frau für die guten Spätzle lobte, bemerkte diese: »se hett au a ganz halbs Oi neido«.

Luftiger sollen die Spätzle und Knöpfla werden, wenn der Teig mit Mineralwasser (Sprudel) angemacht wird – meine Großmutter schwörte darauf.

Jede schwäbische Hausfrau hat also ihr eigenes Hausrezept. Um den Teig geschmeidiger zu machen, wird auch gern ein Schuss Öl bzw. Milch oder Sahne beigegeben. Wer die Spätzle gern kerniger liebt, also mit mehr Biss, gibt dem Teig etwas Grieß bei. Kenner der Materie mischen etwas *Dunst* unters Mehl, eine Mehlkörnung zwischen Grieß und dem normalen Mehl, die es im Mühlenladen zu kaufen gibt – es wurde bereits erwähnt.

Die besonders Kreativen der Spätzlesgilde mischen dem Teig sogar etwas Cremespinat, Ketchup oder Maisgrieß bei, auf dass die Spätzle dann schön grün, rot oder gelb auf den Tisch kommen.

Am besten schmecken die geschabten, handgemachten Spätzle vom Brett – für jeden Feinschmecker ein Gaumenschmaus! Diese etwas aufwendige Art der Spätzlesherstellung stammt noch von den allerersten Anfängen der Spätzleskultur. Mit ihrer »rauen Schale« ähneln sie dem Volksstamm, der sie so abgöttisch liebt. Und – im Vergleich zu ihren Artverwandten nehmen sie die Soße am besten auf.

Um dieses gefragte Kultobjekt richtig ins Wasser zu bringen, benötigen Sie ein Spätzlesbrett aus Holz (Vesperbrett, das vorn abgeschrägt ist) und einen Schaber aus Blech. Erfahrene Schaber nehmen auch gern ein Messer oder eine Palette. Sie tauchen das Brett kurz ins kochende Wasser, lassen es abtropfen und legen oben am Griff mit dem Backschaber eine Portion Teig auf das Brett. Denselben streichen Sie vorsichtig nach unten und schaben die Teigstreifen ins Wasser. Das wiederholen Sie, bis das Brett leer geschabt ist.

Und ärgern Sie sich nicht, wenn dazwischen auch mal ein richtiger fetter Spatz schwimmt. Aller Anfang ist schwer und es ist ja gerade der Reiz beim Essen, das jedes Spätzle seine individuelle Form hat. Also – ran an den Teig und rein ins Wasser!

Und wie gehabt, die oben schwimmenden Spätzle abschöpfen, ins Wasser legen und im Seiher abgießen. In einer Pfanne Butter auslassen und die Spätzle darin schwenken. Bei Wildgerichten gemahlene Haselnüsse zur Butter geben, kurz rösten lassen und mit den Spätzle vermengen. So sieht ein echter Gaumenschmeichler aus.

SPÄTZLE SCHERRE

Karl Hölzer

Spätzle schabe, Spätzle schärre –
d' Baure möget's ond ao d' Herre.
Eier, Wasser, Salz ond Mehl
machet d' Spätzle guet und geel;
gröstet ond ao en dr Brüeh,
liebe Leut, so mag ma's hie'!
Spätzle schabe, Spätzle schärre
(koine graoße, wüeste Flärre!)
mueß ma könne bei de Schwobe,
dazu hent mir gschickte Dobe.
Wenn a Mädle des net ka,
kriegt so ao kein reachte Ma.
Spätzle schärre, Spätzle schabe,
dozue ghöret bsondre Gabe.
Dicke, dünne, grobe, feine,
lange, kurze, graoße, kleine
mueß ma richtig schabe könne.
Bloß so kam a d' Mannsleut gwenne!
Spätzle schärre, Spätzle schabe –
o, wie ka ma sich dra labe!
Wie die rutschet über d' Zong!
Wie die schmecket alt on jong!
Ond dr Ma sait: »O, lie'bs Schätzle,
i mag di ond deine Spätzle!«

Rietheimer Gmotz, auch als Rietamer Gmootz bekannt

* * *

Die Spätzlesküche ist so facettenreich wie der von Dorf zu Dorf unterschiedliche Dialekt der Schwaben.

Ein opulentes rustikales Essen aus alten Zeiten ist das kalorienreiche Gmotz, was übersetzt soviel wie Mischmasch oder Durcheinander bedeutet.

* * *

500 g Mehl, 500 g Kartoffeln,
500 g Sauerkraut, 4 Eier, 1/4 l Wasser, Salz

* * *

Sauerkraut kochen. Kartoffeln abkochen und Bratkartoffeln zubereiten, Spätzle herstellen und einen Teil auf eine Platte geben. Darauf kommt eine Schicht Bratkartoffeln, darüber eine Schicht Sauerkraut. Zum Abschluss eine Schicht Spätzle, die zuvor mit angebratenen Zwiebeln abgeschmelzt wurde, auf das Sauerkraut geben. Man nennt das Gericht auch die Verheirateten.

Serviert man Kartoffeln und Spätzle auf getrennten Platten, heißt das Gericht die Geschiedenen.

Brühte Spatza

* * *

... sind auch bekannt unter dem Namen *Siedige Spatza* oder *Wasserspatza,* da sie ohne Eier zubereitet werden. *Die Feschte Knöpfla,* wie sie regional auch genannt werden, waren im Winter ein fester Bestandteil der ländlichen Küchen. Da in der kalten Jahreszeit die Hühner früher keine Eier legten, wurden sie auf Vorrat in einer Kalklösung eingelegt. Da leistete das Dinkelmehl gute Dienste, denn mit seinem hohen Kleberanteil hielt es die Spätzle gut zusammen.

Ich hatte die Ehre, einer alten Bäuerin auf der Laichinger Alb bei der heiligen Handlung der Spatzenzubereitung über die Schulter schauen zu dürfen.

* * *

Der Teig: 400 g Mehl,
1/4 l kochendes Wasser, etwas Salz

* * *

Das heiße Wasser auf das Mehl gießen und mit einem Kochlöffel gut verrühren und kurz ruhen lassen. Der feste Teig wird mit einem Löffel ausgestochen und ins kochende Wasser gelegt, wo man die Spätzle etwa 3 Minuten ziehen lässt.

Die Brühte Spatza werden auf Sauerkraut oder sauren Bohnen serviert. Bei der Spatzenzubereitung sind Ihrer Phantasie keine Grenzen gesetzt. Manch einer gibt angeröstete Brotwürfel in den Teig, um ihn etwas luftiger zu machen, denn die Magaschtupfer *bzw.* Schtecher *können empfindliche Mägen ganz schön strapazieren. Auch fein gehackte Kräuter und Speck sind eine empfehlenswerte Variante. Wer hatte, kochte früher ein Stück Rauchfleisch dazu. In der Brühe kochte man dann die Wasserspatzen.*

»De mei des isch a grausigs Weib,
hot Doig am Schuz, dass Spatza geiht.«

Spätzlesauflauf

* * *

400 g Mehl, 6–7 Eier, 150 g geriebener Bergkäse,
3–4 Zwiebeln, 60–80 g Butterschmalz,
1/4 l Wasser, Salz, Milch nach Bedarf

* * *

Aus Mehl, 4 Eiern, Salz und Wasser einen Spätzlesteig zubereiten. Dann den Teig ins köchelnde Wasser schaben oder drücken, wenn die Spätzle im Wasser nach oben steigen, mit einer Schaumkelle herausnehmen und ins kalte Wasser legen. Wenn der ganze Vorgang abgeschlossen ist, die Spätzle abseihen. Eine Kasserolle ausfetten, halbvoll mit Spätzle füllen, mit Käse bestreuen und die restlichen Spätzle darauf geben.

2–3 Eier mit etwas Milch verquirlen und den Eierguss über die Spätzle gießen. Mit dem restlichen Käse bestreuen. Im vorgeheizten Ofen den Auflauf bei 200 Grad 20–25 Minuten backen.

Die Zwiebeln schälen, in Scheiben schneiden und in Butterschmalz anrösten. Vor dem Servieren mit den Zwiebeln abschmelzen.

Flutten

* * *

Eine fast vergessene Art, etwas Essbares auf den Tisch zu bringen, war, den recht flüssigen Teig mit einer Gabel ins kochende Wasser zu schaben, die entstandenen Teigfetzen abzuseihen und anschließend in Schmalz anzubraten. Aus der sämigen Mehlbrühe bereitete man abends eine Suppe zu, indem man etwas Grieß einrührte und geschmelzte Zwiebeln darüber gab.

Pfutten oder Flutten, wie sie die Älbler nannten, sind heute allerdings aus den Küchen verschwunden.

Topfenspätzle, ein Rezept aus Tirol

* * *

400 g Mehl, 4 Eier, 3 Eigelb, 150 g Quark, Salz

* * *

Aus den Zutaten einen Teig herstellen und ins köchelnde Wasser schaben oder drücken. Sobald die Topfenspatzeln *im Wasser oben schwimmen, herausnehmen, in einen Seiher geben und mit kaltem Wasser abspülen.*

* * *

Variante: 500 g Quark, 3–4 Eier,
Mehl nach Bedarf, Salz, Schmalz

* * *

Aus den Zutaten einen festen Teig herstellen. Mit einem Löffel Spatzen *herausstechen, ins köchelnde Wasser legen und darin 5–10 Minuten ziehen lassen.*

Danach in eine vorgewärmte Schüssel geben und mit angerösteten Zwiebeln und Speckwürfeln abschmelzen.

Kartoffelspätzle mit Krautsalat

***

3–4 große Kartoffeln, 1 EL Mehl, 1 Ei, etwas Salz, 1 mittelgroßer Kopf Weißkraut, Essig, Salz und Pfeffer, 1–2 EL Butterschmalz

***

Die rohen Kartoffeln schälen und fein reiben. Mit dem Mehl, Ei und Salz zu einem Teig vermengen. Ist der Teig zu nass, noch etwas Mehl zugeben. Den Kartoffelteig ins köchelnde Wasser schaben bzw. drücken. Aufkochen lassen und abseihen. Das Weißkraut vierteln, den Strunk entfernen und fein hobeln. Kurz ins kochende Wasser geben und blanchieren.

Das Fett in einer Kasserolle erhitzen und das Kraut darin kurz anbraten. Danach mit Salz, Pfeffer und Essig marinieren. In einer Schüssel abwechselnd das Kraut und Spätzle aufschichten. Vor dem Servieren mit angerösteten Zwiebeln abschmelzen. Ein Rezept aus dem Elsass.

Spätzle in Saurer Soß'

***

Die Brennsoß' beglückt die Menschen schon seit Jahrhunderten, sei es nun gewollt oder ungewollt. Weil es unseren Altvorderen, besonders in den warmen Jahreszeiten, an geeigneten Kühlräumen mangelte, bekam das gelagerte Fleisch einen strengen *haute gout* – es muffelte recht unangenehm. Um die Geschmacksnote appetitlicher zu gestalten, bereiteten die Hausfrauen eine *saure Briah,* in der das gegarte Fleisch serviert wurde. Ab dem 16. Jahrhundert war Fleisch besonders für die ärmeren Schichten dann immer seltener verfügbar, und so servierte man Spätzle und Knöpfla, aber auch Bohnen und später Kartoffeln in der Allerweltssoße.

Der sauren Brennsoß' haftete mit der Zeit das Geschmäckle des Armeleuteessens an. So entstand wohl auch der Spruch: »Där isch au auf dr Brennsupp' drher gschwomma«, was wohl auf eine arme Herkunft schließen ließ. Mit aufkommendem Wohlstand verschwand die Brennsoß' fast völlig aus unseren Küchen. Doch wie unsere fast vergessenen Schupfnudeln oder unser Dinkelgetreide, erlebte auch sie eine überraschende Renaissance. Immer öfter finden wir heute Gerichte wie *saure Kartoffelrädla* oder *saure Bohnenspatzen* als Spezialität auf schwäbischen Speisekarten. Gerne wurden auch Spätzle und Gurkenrädle in die Soße gegeben, diese dann kurz aufgekocht, und fertig war der Eintopf.

In einem »Lob der Schwabenspätzle« aus dem Jahre 1838 wurde den Sauren Spätzle eine geradezu wunderbare Wirkung zugeschrieben: Die sauren Spätzle, die der Bauer mit Essig eingerührt genießt, sind eine Speise, die die Trauer dem Volk zur Fastenzeit versüßt.

Kässpätzle

***

Spätzle zubereiten, siehe Grundrezept auf S. 48.

***

Die frischen heißen Spätzle legt man schichtweise, immer eine Schicht Spätzle und eine Schicht geriebenen Emmentaler abwechselnd, in eine vorgewärmte Schüssel übereinander. Zum Abschluss gibt man braun geröstete Zwiebeln darüber.

Wer es besonders würzig liebt, legt statt Emmentaler einfach eine Schicht Romadur dazwischen. Man kann die Schüssel (feuerfest) noch kurz in die Backröhre schieben, damit sich der Käse besser auflöst.

Um die Prozedur zu verkürzen, schwenkt man die Spätzle kurz in der Pfanne mit Butter durch, streut den Käse darauf und gibt einen Schuss Wasser darüber. Das verdampfende Wasser löst den Käse auf, und nach mehrmaligem Durchschwenken haben Sie Kässpätzle, wie sie besser nicht sein können. – Röstzwiebel nicht vergessen!

Krautspätzle

* * *

Spätzle zubereiten, siehe Grundrezept auf S. 48.

* * *

1 kg rohes Sauerkraut und eine Handvoll gewürfelte Zwiebeln werden zusammen in heißem Schweineschmalz goldgelb geröstet und dann mit den ebenfalls angerösteten Spätzle vermischt und serviert. Man kann natürlich auch gekochtes Kraut mit Spätzle vermischen, dann eben nur die Spätzle anrösten.

Ein Rostbraten auf Krautspätzle angerichtet ist ein echter Hochgenuss.

Natürlich nimmt der Schwabe dazu das Filderkraut von den Fildern südlich von Stuttgart. Dieses Spitzkraut ist feiner und schmeckt »oifach guat«.

Herzige Spätzle

* * *

Spätzle zubereiten, siehe Grundrezept auf S. 48.

* * *

1 Rinder- oder Kalbsherz in längliche, mundgerechte Stücke schneiden und in heißem Fett oder Öl scharf anbraten. Mit einem Glas Wein und einem Schuss Essig ablöschen und einkochen lassen.

6 Tomaten abziehen und in Würfel schneiden. 1 fein geschnittene Zwiebel in Butter glasig dünsten, mit den Tomatenwürfeln kurz anschwenken, zu dem Herz geben und mit Salz, Pfeffer sowie einem Lorbeerblatt würzen und schmoren lassen (bei Bedarf mit heißem Wasser auffüllen).

Mit den heißen Spätzle vermischen und mit Petersilie bestreuen, dazu reicht man Acker- mit Kressesalat vermengt.

Wer das Ganze strecken will, kocht mit dem Fond vom Herzkochen eine Brennsoße und vermengt alles zu einem Eintopf.

Haselnussspätzle

* * *

500 g Mehl, 3–4 Eier, Salz,
1/4 l Wasser, 100 g Haselnüsse

* * *

Aus den Zutaten einen Teig zubereiten und ca. 20 Minuten ruhen lassen. Am besten geben Sie den nicht zu festen Teig mit einem Spätzleshobel ins Wasser, da hier die Löcher größer sind und nicht mit den eventuell zu großen Nusssplittern verstopfen. Die Haselnussspätzle eignen sich ganz hervorragend zu Wildgerichten.

Schneller und für den Gaumen noch attraktiver ist es, die zerkleinerten Haselnüsse in Butter anzuschwitzen. Die im heißen Wasser erhitzten und gut abgetropften Spätzle dazugeben und gut durchschwenken.

Heute
Reh-
braten
mit
Nuss-
spätzle

Marsch, marsch!!
Heute:
Gaisburger
Marsch

Gaisburger Marsch oder Kartoffelschnitz und Spatza

***

Der Gaisburger Marsch ist ein beliebter schwäbischer Eintopf mit Fleischeinlage, der Nord und Süd friedlich in einem Topf vereint. *Bettelleuts Supp* hieß es früher, das war dann allerdings ohne Fleisch.

***

Zubereitung: 500 g Brustkern vom Rind mit genügend Wasser und etwas Salz zum Sieden bringen. Schaum abschöpfen. Dann gibt man 1–2 Karotten, etwas Lauch, 1/4 Sellerie (bzw. Selleriemenge nach Gusto) und 1 Zwiebel, die halbiert und auf der Ofenplatte angeröstet wurde, dazu: das gibt der Fleischbrühe eine schöne Farbe.

Wenn das Fleisch gar ist, schneidet man es in Würfel und vermengt es mit gekochten Kartoffelschnitz und der gleichen Menge Spätzle. Das alles gibt man in die Brühe, die noch mit Muskat abgeschmeckt wurde.

Kurz vor dem Servieren wird der Eintopf mit viel frisch angerösteten Zwiebeln abgeschmälzt. Geschnittenen Schnittlauch nicht vergessen.

Saure Bohnenspatzen

* * *

Spätzle zubereiten, siehe Grundrezept auf S. 48.

* * *

4 EL Mehl in ca. 60 g Butterfett braun anrösten (braune Brenne), mit Fleischbrühe ablöschen, mit Salz, Pfeffer und Essig würzen und mit einer mit Lorbeerblatt und Nelke gespickten Zwiebel ca. 20–30 Minuten sämig kochen.

Die am Abend zuvor eingeweichten weißen Bohnenkerne in Salzwasser kochen. Gut abschütten, mit den heißen Spätzle und der braunen Soße vermischen und mit angebratenen Speckwürfeln abschmälzen.

Ein wunderbarer Eintopf, der mir schon viele Freunde beschert hat. Tipp: Verfeinern Sie die Brennsoße mit einem Schuss Wein oder einem Schuss Obstler.

Basilikum-Spätzle

* * *

400 g Mehl, 3–4 Eier, 1 Tasse Milch bzw. Wasser, Salz, Pfeffer, Muskat, 2 Handvoll in Öl pürierte Basilikumblätter (wer will, kann auch etwas Spinat beigeben)

* * *

Alle Zutaten vermengen und den Teig ins köchelnde Wasser schaben.

Appetitlich aussehende Spätzle sind auch Brennnessel- oder Kräuterspätzle. Wer will, kann noch Sesamkerne in der Pfanne anrösten und über die Spätzle geben.

Spinatspätzle

* * *

400 g Spinat, 350 g Mehl, 3–4 Eier, Salz

* * *

Mit dem Mehl, Eiern, Salz, dem durchgepressten Spinat (tiefgekühlter Cremespinat geht auch) einen Teig anmachen und kräftig schlagen, bis er Blasen wirft. Wenn nötig, etwas Wasser zugeben. Den Teig ca. 20 Minuten ruhen lassen. Danach mit dem Spätzleshobel ins kochende Salzwasser schaben. Kurz aufkochen lassen, herausnehmen und im Sieb mit lauwarmem Wasser abspülen.

Vor dem Servieren nochmals in heißem Wasser erhitzen oder kurz in Butter schwenken.

Statt Spinat können Sie auch zerkleinerte Wildkräuter untermengen.

Mangold-Spätzle

* * *

Spätzle zubereiten, siehe Grundrezept auf S. 48.

* * *

1 Bund Mangold gut waschen. Dann in fingerbreite Streifen schneiden. Speck- und Zwiebelwürfel in einer Kasserolle andünsten und den Mangold beigeben. Gut vermengen und einen Schuss Wasser beigeben. Salzen und pfeffern.

Einige Minuten dünsten. Dann leicht abbinden. Flüssig halten. Spätzle anbraten und das Mangoldgemüse darüber geben. Vor dem Servieren mit Käse bestreuen.

Zupfte Spätzle

* * *

500 g Mehl mit ca. 1/4 l Wasser, Salz, Eier nach Bedarf, zu einem festen Teig verarbeiten. Den Teig fingerdick aufrollen und in haselnussgroße Stückchen zupfen, dann in das heiße Wasser geben, aufkochen und in einem Sieb gut abtropfen lassen.

In einer Pfanne mit zerlassener Butter, etwas Speck und fein geschnittenen Zwiebeln anbraten. Servieren Sie dazu gemischten Salat

Diese »Urnudel« ist sicher die älteste Zubereitungsart der Nudel, die uns bekannt ist. Als noch keine Küchengeräte beim Kochen zum Einsatz kamen, wurden die Lebensmittel eben mit den Händen geformt. Heute ein ideales Gericht, um mit Kindern einen fröhlichen Spätzles-Nachmittag zu gestalten.

Leberspätzle

***

500 g Mehl, 500 g gehackte Leber (beim Metzger vorbestellen), 4–5 Eier, eine Handvoll gehackte Petersilie, Salz, Pfeffer, Muskat

***

Die genannten Zutaten zu einem Teig verarbeiten und diesen ca. 30 Minuten ruhen lassen.

Die Verarbeitung erfolgt wie im Spätzle-Grundrezept mit dem Hobel oder der Presse, die Leberspätzle können aber selbstverständlich auch vom Brett direkt ins köchelnde Wasser geschabt werden. Es empfiehlt sich, die Leberspätzle etwas länger im Wasser sieden zu lassen als normale Spätzle und Knöpfla.

Die Schwaben lieben Leberspätzle in der Suppe genauso wie angebraten mit Ei. Nicht fehlen darf dazu natürlich der legendäre Kartoffelsalat, und die Feinschmecker unter uns geben noch einen Schöpfer Soße dazu – damit es besser rutscht. Früher galten Leberspätzle als Armeleuteessen.

Es gab – vielleicht gibt es noch – Maultaschen mit gehackter Leberfüllung, die mit eingeweichtem Brot gestreckt wurde. Brot wegzuwerfen galt als Sünde. Landeten die harten Brotriebala *nicht in der Brotsupp, so doch in den Maultaschen.*

Denn die alte Küchenweisheit »jo nix vrkomma lasse« gilt noch heute bei vielen Schwaben. Schließlich sind Leberspätzle »emmer no besser als gar koi Floisch«.

Wer sich die Arbeit der Leberspätzlezubereitung schenken will, findet bei den örtlichen Metzgereien an manchen Tagen fertige Spätzle im Angebot.

Honig-Apfelspätzle

* * *

Spätzle zubereiten, siehe Grundrezept auf S. 48.
Für 1 Person: 1 EL Butter, 1 EL Honig,
1 Apfel, Puderzucker

* * *

Die Butter in der Pfanne auslassen, den Honig beigeben und beides zusammen erhitzen. Spätzle dazugeben und alles zusammen gut durchschwenken, bis die Spätzle leicht gebräunt sind. Den geriebenen Apfel (ich reibe ihn mit der Schale auf dem Rettichhobel), untermengen und alles zusammen erhitzen.

Auf einen vorgewärmten Teller geben und mit Puderzucker bestreuen.

Sie können anstatt Honig auch Zucker karamellisieren und ganze Apfelstückchen beigeben. Dieses alte Rezept stammt noch aus Urgroßmutters Küche, als man zum Süßen nur Honig zur Verfügung hatte.

Knöpfla

Das Erstlingswerk der schwäbischen Mehlspeisen

Im Strudel der Jahrhunderte haben sich in der schwäbischen Küche unterschiedliche Mehlspeisen entwickelt. Dabei standen mit ziemlicher Sicherheit die Knöpfla am Anfang dieser Entwicklung, wenn auch regional in den verschiedensten Formen und Größen. Zuerst erschienen sie als unförmige Teigklumpen auf dem Teller. Erst später, als schwäbische Tüftler die ersten Küchengeräte wie das Knöpflessieb und nach ihm den Knöpfleshobel erfanden, bekamen sie die heutige Form.

In Bayern nannte man die größeren Knöpfla auch Spatza. Gemacht wurden sie später im *Spatzaloicher,* dem Knöpflessieb, einem Arbeitsgerät, das ähnlich einem Seiher erbsengroße Löcher im Boden hatte und auf drei Beinen stand. Im schwäbischen Sprachgebiet nannten die Bewohner das Ergebnis aus dem Knöpflessieb anfangs deshalb auch *Bollaspätzle.*

Das Erstlingswerk unserer Mehlspeisen ziert sich mit den verschiedensten Namen: *Knötlein, Klößla, Knöpf, Knopf* oder *Knepf.* In der Schweiz erscheinen Knöpfla auf der Speisekarte als *Knöpfli,* manchmal auch als *Knöpflein.*

Anders als bei den Spätzle ist der Ursprung des Wortes Knöpfle eindeutig: Es hat, wie sollte es auch anders sein, römischen Ursprung. *Nodus,* der Knoten, und *Nodulus,* das Knötchen, sind die Namenspatrone.

Die Knötchen wurden später zum Knötlein und im Dialekt so lange geknetet, bis die Mehlspeise endgültig als *Knöpfla* unsere Speisekarte zierte. Bis ins letzte Jahrhundert hinein kamen die Knöpfla bevorzugt im bayerischen Sprachraum auf den Tisch, während Spätzle eher nördlich der Donau zu Hause waren – nicht umsonst werden die besten Knöpfleshobel im Allgäu und die besten Spätzlespressen (Spätzlesschwob) noch heute im württembergischen Sprachraum hergestellt.

Wer einmal Gelegenheit hatte, in einem alten Kochbuch zu stöbern, wird erstaunt sein über die Vielfalt der Knöpflesrezepte, die früher bei uns aufgetischt wurden. Wobei die Knöpfla hauptsächlich den Hunger der einfachen Leute, wie den der Bauern, Handwerker und Soldaten, stillte. Für die Herrschaften ist das nichts, höchstens gut genug für das Gesinde – lautete damals die Parole. So wird es auch verständlich, dass die Nachfahren der Knöpfla, unsere so heiß geliebten Spätzle, so lange brauchten, um bei Regierungsessen hoffähig zu werden.

Im Mittelalter, als der Löffel in Mode kam, wurden die Knöpfla damit ausgestochen, der *Kneplenlöffel,* wie er früher hieß, war ein fester Bestandteil jeder schwäbischen Küche, wie uns alte Inventurlisten beweisen. Bei der Mehrzahl der Bevölkerung bestand früher die tägliche Mahlzeit aus Knöpfla in mannigfacher Zubereitung, die meistens in der Brühe oder mit Kraut verspeist wurden.

So wurde auf der Alb gerauchtes Rindfleisch, wenn man es durch eine gewollte oder ungewollte Notschlachtung zur Verfügung hatte, faserdünn gehackt unter den Teig gemischt, in einer Rauchfleischbrühe gekocht oder, falls vorhanden, in Schmalz angebraten.

Heute ist die ehemalige Leib- und Magenspeise der Bauern und Handwerker, Mägde und Knechte ein Spielball der Nobelküchen und wird mit Kurkuma und Curry eingefärbt. Wer dann noch den Anweisungen des Kreativteams folgt und den Teig mit dem Schneebesen anrührt und versucht, wie empfohlen, ihn mit dem Kartoffeldrücker ins Wasser zu geben, wird sicher Schiffbruch erleiden.

Wer sich unbeirrt durch die Wirren der Geschichte gebissen hat wie unsere Knöpfla, um den ranken sich natürlich auch Anekdoten, Sprüche und Verse aus dem Volksmund.

Eine Neckerei aus alten Tagen besagt, dass die Älbler deswegen so häufig Kröpf hätten, um sich immer ein paar Knöpfla auf Vorrat zu halten.

Als ein Bauer seinen Sohn erstmals mit nach Ulm auf den Markt nahm, bemerkte dieser: »Vaddr, warom hent dia dahanna koine Kröpf?« Antwort: »Net so laut, sei froh, dass du gsond bisch.«

Erinnert sei auch an die Knöpflestage. So hießen in manchen Gegenden die drei Freitage vor Weihnachten, weil dann besonders reichlich Knöpfla serviert wurden. Ein Armeleuteessen waren z. B. Knöpfla und saure Milch.

Wenn Schäfchenwolken am Himmel standen, sagte man: »Heit kocht ma Knöpfla ond mir kriagat dann d' Briah!«

Wenn ein Mädchen schlampig angezogen war, hieß es: »Dui isch grichtat wie doigige Knöpfla.«

War eine Küche nicht aufgeräumt, musste sich die Magd anhören: »Bei dir siaht's aus wia henter dr Mudder ihrer Doigschüssel.«

Ein *Knöpflesgschmötz* war das
Überbleibsel des Knöpfleskochwassers.
Knöpflesschender war der Spitzname
der Leute vom Bärenthal. Laut einer
Überlieferung sollen sie die Knöpfla ohne
Schmalz in der Pfanne erhitzt haben.

Knöpfla

Grundrezept für vier Personen

* * *

400 g Mehl, 4 Eier, 1 EL Salz, 1/4 l Wasser

* * *

Die Zutaten gut vermengen und den Teig schlagen, bis er sich von der Schüssel löst und Blasen wirft. Der Teig sollte nicht zu fest sein, dann lässt er sich besser verarbeiten.

Nachdem der Teig etwas geruht hat, wird er mit dem Knöpflesschieber, einem dem Rettichhobel ähnlichen Gerät, in das kochende Salzwasser gegeben.

Sobald die Knöpfla an der Oberfläche schwimmen, herausnehmen und mit warmem Wasser abschwenken. In Butter oder Schmalz anrösten.

»Knöpfla send erscht gut, wenn mr
gnuag Oier ond Budder na duad.«

Brätknöpfla

* * *

500 g Brät, 2 Eier, 1/8–1/4 l Milch oder Sahne, 3 Semmeln oder die gleiche Menge Semmelbrösel, Salz oder Muskat

* * *

Die Semmeln in lauwarmem Wasser einweichen, etwas ziehen lassen, ausdrücken und zerkleinern. Mit dem Brät, Eiern, Gewürzen und der Milch zu einem Teig vermengen und etwas ruhen lassen.

Mit einem Löffel Knöpfla ausstechen und im siedenden Wasser ziehen lassen. Eine beliebte Beilage zur Schwäbischen Hochzeitssupp.

»D' Knöpfla ond's Glück machat d' Baura dick.«

Grießknöpfla

* * *

60 g Butter, 3 Eier, Grieß je nach Bedarf, Salz, Muskat

* * *

Die Butter schaumig rühren, die Eier dazu geben, würzen, dann so viel Grieß beimengen, dass der Teig noch fast läuft. Den Teig 20 Minuten ruhen lassen.

Danach einen Probeknopf ins siedende Salzwasser geben. Sollte er zergehen, noch Grieß in den Teig geben. Die Grießknöpfla mit einem Löffel ins siedende Wasser oder in die Kraftbrühe geben und ca. 15 Minuten ziehen lassen.

»Mit oglegte Oier isch schlecht Knöpfla macha.«

Semmelknöpfla

* * *

30 g Butter, 2 Eier, Semmelbrösel nach Bedarf, Salz, Muskat

* * *

Eier schaumig schlagen, die zerlassene Butter unterrühren, würzen und die erforderliche Menge Semmelbrösel untermengen und zu einem nicht zu festen Teig verarbeiten. Den Teig 1/2 Stunde ruhen lassen.

Mit einem Löffel kleine Knöpfla ausstechen und im siedenden Salzwasser ziehen lassen. Es ist ratsam, zuerst einen Probeknopf zu machen. Wenn es nicht hält, noch etwas Semmelbrösel beigeben.

»A rechts Weib ond a Knöpfla schtandat von alloi wieder auf.«

Grüne Knöpfla

* * *

4–6 Semmeln, ca. 150 g Spinat, 30 g Butter, 2 Eier, Salz, Muskat
Statt Spinat kann auch ein Kräutergemisch verwendet werden.

* * *

Die Semmeln zerkleinern und in lauwarmem Wasser einweichen. Nachdem sie durchgezogen sind, die Semmeln ausdrücken.

Den Spinat weich brühen, ausdrücken und fein schneiden. Die weich gerührte Butter mit den Eiern und den Gewürzen beigeben und alles zusammen zu einem Teig vermengen.

Mit einem Löffel Knöpfla ausstechen und im siedenden Salzwasser ziehen lassen.

»Was gibt's heit?
Knöpfla, Kraut ond Floisch,
Wonderfitz, jetz woisch's!«

Kartoffelknöpfla

* * *

300 g Mehl, 2–3 gekochte Kartoffeln,
1/4 l Milch, 2–3 Eier, Salz, Muskat

* * *

Die gekochten und geschälten Kartoffeln in das Mehl reiben oder drücken. In die Kartoffel-Mehlmischung gibt man die Eier, Milch und die Gewürze und vermengt alles zu einem festen Teig, der dann mit einem Kaffeelöffel ins köchelnde Wasser gelegt wird.

2–3 Minuten ziehen lassen, bis die Knöpfla an der Oberfläche des Kochwassers schwimmen. Da Mehl in früherer Zeit sehr kostbar war, wurde es oft mit Kartoffeln gestreckt, bzw. wurden Restekartoffeln aufgeräumt.

Nach dem schwäbischen Motto:
»Knöpfla hat's geba jeda Dag,
von dr Wiege bis zom Grab!«

Hefeknöpf

Rezept aus der großen Verwandtschaft

* * *

500 g Mehl, 30 g Hefe, 80 g Butter, 1/4 l Milch, 1 Ei, Salz, Zucker, Semmelbrösel

* * *

Das Mehl in eine Schüssel geben und eine kleine Vertiefung eindrücken. Mit der zerkleinerten Hefe, 5 EL lauwarmer Milch, 2 EL Mehl und 1 Prise Zucker einen Vorteig anrühren und ca. 10 Minuten ruhen lassen. Dann die Milch, das Mehl, Ei, Salz und die 50 g weiche Butter zusammen mit dem Vorteig gut vermengen. Mit einem Tuch zudecken und 15 Minuten ruhen lassen.

Anschließend etwa 20 Knöpfla formen und nochmals kurz gehen lassen. In siedendes Salzwasser geben und ca. 20 Minuten gar ziehen lassen.

Vor dem Servieren mit der Gabel in der Mitte aufreißen und mit in Butter gebräunten Semmelbröseln abschmelzen.

Meine Großmutter machte zu ihrem Sauerbraten immer 1–2 große Hefeknöpf. Es war fast eine heilige Handlung, wenn sie die duftigen Wonneproppen liebevoll mit einem Faden zerteilte.

**»Heit kommt dr Pfarrer zom Essa!
Marie, mach du dia Knöpf;
du hosch de greschte Händ!«**

Schupfnudeln
Ein Gaumenschmaus in vielen Variationen

... sind mit der Hand gerollte Nudeln in Fingergröße. Im Volksmund kennt man sie auch als *Buabaschpitzla, Wargelnudel, Bauch-* und *Ranzaschtecher* und *Schupfwärgel.*

Der Teig besteht aus Mehl, Wasser, Salz, und, wenn vorhanden, Eiern. Er wird zu fingerdicken Strängen ausgerollt, mit dem Messer in kleine Scheiben geschnitten, mit der Hand 5–6 cm lang gerollt und ins köchelnde Wasser geschupst.

Die Schupfnudeln sollten in der Mitte dicker sein und nach außen spitz zulaufen. Sie können auch auf einem bemehlten Brett vorbereitet werden, da die Schupferei doch einige Zeit in Anspruch nimmt.

Bedingt durch die zeitraubende und anstrengende Zubereitungsart waren *Buabaschpitzla,* wie sie hierzulande genannt werden, lange Zeit vom Küchenzettel völlig verschwunden. Als engagierte Wirte sie jedoch – mit Kraut und Speck angerichtet – wieder auf ihre Speisekarte setzten, waren sie lange Zeit der absolute Renner. Die Nudelindustrie ließ sich dieses Geschäft natürlich nicht nehmen und bringt heute Schupfnudeln in verschiedenen Variationen in den Handel. Übrigens sollten Sie *Buabaschpitzla* nicht verwechseln mit *Bauraschpitz,* einer speziell angefertigten Kalorienbombe, um Gänse zu mästen. *Bauraseggala* sind wiederum Kartoffelnudeln bzw. Kartoffelwürste, die im schwimmenden Fett herausgebacken werden. Sie dienen als Beilage zum Braten, aber auch als Süßspeise.

Die Bezeichnung *Baurakrapfa* oder *Bauraseggale* usw. wird als Name für ein Bauraessen verwendet und galt in besseren Kreisen als grob oder minderwertig. Wozu die Bauern meinten: »Besser bäurisch gfahra als herrisch gloffa«.

Die Original-Schupfnudel stand sicherlich all den heute so beliebten Pastagerichten Pate und war jahrhundertelang die Nr. 1 im Nudeltopf. Sie wurde nur aus Mehl und Wasser hergestellt. Erst im 18. Jahrhundert, als die Kartoffel bei uns heimisch wurde, mischte man gekochte oder gepresste Kartoffeln unter den Teig und machte sie dadurch bekömmlicher.

In Söflingen, einem Vorort von Ulm, wird jedes Jahr im September der Bautza-Herbst gefeiert. Den Spottnamen Bautza gaben die Ulmer den Söflingern, da die dort heimischen Gärtner und Bauern früher als arm galten. Das *Bettelleitsessen* ist heute eine geschätzte Spezialität und man ist stolz, zu den *räsen Bautza* zu gehören.

»Anna Dudel, schupf dui Nudel,
schperr dei Nudel en da Kaschta,
kommt dr Bauer d'Schtiaga ra
ond hilft dr d'Nudla raschbla.«

Schupfnudeln

Grundrezept für vier Personen

* * *

500 g Kartoffeln, 250 g Mehl,
1–2 Eier, Salz und Muskat
Als Faustregel gilt:
2/3 Kartoffeln, 1/3 Mehl

* * *

Einige Hausfrauen schwören auf halb und halb, also 500 g Kartoffeln, 500 g Mehl. Für zwei Personen dementsprechend weniger.

Die Kartoffeln abkochen, durchdrücken und abkühlen lassen. Das Mehl zugeben, würzen und alles zu einem festen Teig vermengen.

20 – 30 Minuten ruhen lassen. Lange Teigstränge ausrollen, mit dem Messer in kleine Stücke teilen und mit den Händen zu länglichen, in der Mitte dicklichen Nudeln rollen – auf schwäbisch schupfen.

Flinke Hände schupfen die Nudeln direkt ins köchelnde Wasser. Wer lieber auf Vorrat arbeitet, legt die geschupften Nudeln auf ein bemehltes Nudelbrett oder Küchentuch.

Im köchelnden Wasser einige Minuten ziehen lassen, bis die Schupfnudeln an der Oberfläche schwimmen. Danach herausnehmen, kurz mit lauwarmem Wasser abschwenken und, wer hat, in Schmalz anbraten.

Die Buabaspitzla, wie sie die Schwaben liebevoll nennen, munden nach alter Väter Sitte am besten mit Sauerkraut. Nach ihrer Wiederentdeckung kommen Schupfnudeln heute aber auch in verschiedenen Variationen auf den Tisch, zum Beispiel auch als Quarknudeln. *Hierzu werden 1/3 Kartoffeln, 1/3 Mehl und 1/3 Quark verwendet. Es liegt natürlich ganz in Ihrem Ermessen, die einzelnen Zutaten zu reduzieren und neue Kreationen zu gestalten. Hier noch ein paar weitere Rezeptideen:*

Schupfnudeln mit Bärlauch

* * *

Hier wird dem Teig frisch angefertigtes Bärlauchpesto zugefügt.

* * *

Im Frühjahr, wenn die Wälder in den Feuchtgebieten nach Knoblauch riechen, schwärmen die Liebhaber dieses Kräutleins mit ihren Stofftaschen aus, um sich mit der so geschätzten Pflanze einzudecken. Allerdings man muss aufpassen, dass man beim Pflücken nicht aus Versehen die ähnlich aussehenden, aber giftigen Maiglöckchenblätter mitnimmt!

Schupfnudeln mit Nüssen

* * *

Hier geben Sie dem Teig fein geraspelte Nüsse zu oder Sie schwenken die Nudeln in brauner Butter und geben gemahlene Nüsse bei.

Wer Schupfnudeln als Süßspeise servieren will, mischt den gerösteten Nüssen noch etwas Honig dazu.

Schupfnudeln mit Mohn

* * *

Hier geben Sie dem Teig Mohn zu und schwenken die Nudeln vor dem Servieren in karamellisiertem Zucker.

Schupfnudeln mit Gemüse

* * *

Hier zerkleinern Sie in der Küchenmaschine Lauch, Karotten, Sellerie und Petersilie und mischen sie unter den Teig – eine gesunde und farbenfrohe Beilage für alle Fleischgerichte.

»Schupfnudla mit ra Zwetschgabriah
oder mit Kraut,
des isch a rara Koscht,
da wird neighaut.«

Die Ulmer Spatzen

Zu deftigen Schweinshaxen gehören Knödel wie zu einem zünftigen Vesper ein Rettich, in Bayern liebevoll Radi genannt, und wir denken unwillkürlich an München. Sprechen wir von Grünkohl oder Labskaus, taucht aus dem Nebel der Erinnerung die Hansestadt Hamburg auf.

Beim Apfelstrudel, der Sachertorte und dem Wiener Schnitzel sehen wir vor unserem geistigen Auge die alte Hauptstadt des Habsburger Reiches mit dem Stephansdom, dem Riesenrad und Schloss Schönbrunn auftauchen.

Ulm, die Stadt der Spatzen und Spätzle ist dabei, die heimliche Hauptstadt der schwäbischen Leibspeise zu werden. Es gibt kaum einen Landstrich oder eine Stadt, wo den Spätzle so viel Aufmerksamkeit geschenkt wird wie hier, wo die *Ulmer Spatzen,* der Spitzname der Ulmer, zu Hause sind.

In Ulm komponierte Helmut Schell seine Lobeshymne auf die Spätzle. – Der Theologe Dr. Georg Hertz vom Ulmer Münster war bei der Namensfindung der Spätzle erfolgreich. – In Ulm erschien das erste umfangreiche Spätzleskochbuch, die *Schwäbische Spätzlesküche,* heute ein Baden-Württemberger Bestseller. – Eine der größten Spätzlesmaschinensammlungen ist hier zu Hause. – Das Ulmer Touristikbüro bietet interessierten Touristen nach der Stadtführung einen Spätzleskochkurs an. – In Ulm, um Ulm und um Ulm herum erfreuen Spätzlesfeste, wie in Neu-Ulm und Gerhausen, die Besucher mit neuen Kreationen. – 1,2 Tonnen Kraut-, Käs- und Spinatspätzle fanden allein letztes Jahr dort ihre Abnehmer. – Die Firma Settele, ein führender Hersteller von schwäbischen Spezialitäten, schickt täglich zwischen 20 und 30 Tonnen Spätzle von Neu-Ulm hinaus in alle Welt.

1805 lesen wir erstmals von Spatzen in der Ulmer Bilder-Chronik, Band II, unter der Überschrift: »Unter den Fischern«, Aus Württemberg, wie es war und ist – folgenden Satz: »Für Josef hatte Babette den Rest von Spatzen zurück gestellt.«

Erst am 30. September 1905, also hundert Jahre später, bei der Eingemeindung von Söflingen nach Ulm, berichtet man vom Festessen im »Ochsen«, wo es Hasenbraten mit gerösteten Spätzle gab. Die Spatzen, vermutlich mit dem Löffel geformte Knöpfla, hatten endlich ihre endgültige Form und ihren Namen gefunden.

Der Ulmer Ausscheller, ein ehemaliger Weber, hatte eine Vorliebe für das *Spatza'gschmeez* – so nannte man den Bodensatz, der beim Spätzleskochen übrig blieb. Ob er einen Sprachfehler hatte oder nur maulfaul war, sei dahin gestellt. Auf jeden Fall war für ihn der nahrhafte Rest kurz und bündig nur das *Spatzameez*. Die Kinder lachten ihn deswegen aus und überschütteten ihn mit Spott, was das Ulmer Original wohl nicht groß erschütterte.

Hier ein Auszug aus einem Gedicht
über den *Spatzameez:*

Ond wenn'r recht gschellat hot,
ond ra gschria vom Boga,
no schreiat se:
Spatzameez: 's isch älles vrloga!

Ulmer Löffelspatzen

* * *

***400 g Dinkelmehl, 4 Eier, 1/2 TL Backpulver,
1/8–1/4 l Wasser, 3 alte Brötchen,
120 g gekochter Schinken, zerkleinerte
Petersilie, Salz nach Bedarf***

* * *

Aus Mehl, Eiern, Wasser, Backpulver und Salz einen Teig zubereiten und kräftig durchkneten. Der Teig sollte nicht zu fest sein. Die Brötchen in kleine Würfel schneiden und in einer Pfanne kurz anrösten. Dann mit dem klein gewürfelten Schinken und der Petersilie unter den Teig mengen und ca. 20 Minuten ziehen lassen.

Beim Ausstechen der Spatzen den Löffel kurz ins heiße Wasser halten und den Teig auf der Innenfläche der Hand formen.

Die Löffelspatzen eignen sich gut als Suppeneinlage oder als Hauptgericht mit Sauerkraut oder Kartoffelsalat.

Das Werk ist in allen seinen Teilen urheberrechtlich geschützt. Jede Verwertung ist ohne Zustimmung des Verlages unzulässig. Das gilt insbesondere für Vervielfältigungen, Übersetzungen, Mikroverfilmungen und die Einspeicherung in und Verarbeitung durch elektronische Systeme.

Bibliografische Information der Deutschen Nationalbibliothek
Die Deutsche Nationalbibliothek verzeichnet diese Publikation in der Deutschen Nationalbibliografie; detaillierte bibliografische Daten sind im Internet über http://dnb.d-nb.de abrufbar.

Umschlaggestaltung: Stefan Schmid Design, Stuttgart,
unter Verwendung einer Illustration von Mathias Hütter

© 2012 Konrad Theiss Verlag GmbH, Stuttgart
Alle Rechte vorbehalten
Lektorat: Nicole Janke, Stuttgart
Illustration: Mathias Hütter
Satz und Gestaltung: Eva Knoll, Stuttgart
Druck und Bindung: CPI – Ebner & Spiegel, Ulm

ISBN: 978-3-8062-2578-5

Besuchen Sie uns im Internet: www.theiss.de